100

infos à connaître

LE RÈGNE ANIMAL

Piccolia

Remerciements aux artistes qui ont contribué à l'élaboration de ce titre :
Julian Baker, Mike Foster, Stuart Jackson-Carter, Mike Saunders, Nathalie Coët

Crédits photographiques :
Couverture : Mark Bridger/Shutterstock, Digital Stock
Alamy 22 Antje Schulte - Spiders and Co., 38 Aditya "Dicky" Singh

Dreamstime.com 6 Goodolga

FLPA 14-15 Elliott Neep, 18 Chris Stenger/Minden Pictures,
19 ImageBroker/Imagebroker, 20 Piotr Naskrecki/Minden Pictures, 21 Paul Sawer, 23 Mitsuaki Iwago/Minden Pictures,
25 Claus Meyer/Minden Pictures, 31 ImageBroker/Imagebroker, 33 Robin Chittenden, 36 Suzi Eszterhas/Minden Pictures,
Frans Lanting, 37 Yva Momatiuk & John Eastcott/Minden Pictures, 38 Pete Oxford/Minden Pictures, Gerry Ellis/Minden
Pictures, 39 Colin Marshall, Thomas Marent/Minden Pictures

Fotolia.com 2 pdtnc, 6 Paul Murphy

iStockphoto.com 8 Miguel Angelo Silva

Naturepl.com 8 Brandon Cole, 13 Brandon Cole, 17 Nature Production, 24 Jurgen Freund, 25 Anup Shah,
34-35 Fred Olivier, 35 Shattil & Rozinski

Photoshot 15 Woodfall, 30-31 NHPA

Shutterstock.com 1 Dhoxax, 3 Trevor Kelly, 4-5 Igor Janicek, 6 Richard Waters, Audrey Snider-Bell, Steve Byland,
7 Thomas Barrat, Rita Januskeviciute, 9 FloridaStock, gillmar, 10 Pan Xunbin, wim claes, 11 Ivan Kuzmin, 12 nuttakit,
15 Cathy Keifer, 16 Geoffrey Kuchera, Audrey Snider-Bell, Dirk Ercken, 18-19 Anna Omelchenko,
19 Steven Russell Smith Photos, 23 Norma Cornes, 24 Eric Gevaert, 26 Nancy Kennedy, 27 Neale Cousland,
28-29 Krzysztof Odziomek, 29 Specta, 30 EcoPrint, 32 worldswildlifewonders, 34 Ecostock, 35 Wayne Duguay,
38-39 House @ Brasil Art Studio, 38 sharpner, 39 Janelle Lugge

Corel, Digital Stock, digitalvision, ImageState, John Foxx, PhotoAlto, PhotoDisc, PhotoEssentials, PhotoPro, Stockbyte

Sommaire

Le monde animal

1 **Notre planète est peuplée d'animaux.** Ils vivent presque partout, du haut des montagnes jusqu'aux profondeurs sombres des océans.

▼ D'immenses troupeaux d'herbivores habitent les savanes africaines. Tous se rassemblent autour d'un point d'eau pour boire lors de la saison sèche.

2 Il existe des millions d'espèces animales sur notre planète. Mais personne ne peut définir avec précision leur nombre ! On estime qu'environ 16 000 espèces sont décrites chaque année.

3 Les animaux peuplent notre planète depuis plus de 600 millions d'années. Au cours du temps, des espèces ont totalement disparu, mais d'autres ont évolué jusqu'à nos jours et existent encore aujourd'hui.

Qu'est-ce qu'un animal ?

4
Les animaux sont des êtres vivants dont la grande majorité est capable de se mouvoir librement.

▶ Les animaux peuvent être divisés en groupes, partageant certaines particularités communes. Ces groupes se nomment les classes.

5
La plupart des animaux sont pluricellulaires : leur corps est composé d'un grand nombre de cellules qui forment les tissus. Ces derniers constituent les organes comme la peau, le cerveau, le cœur, les poumons... Ils ont chacun une fonction bien spécifique.

▼ Les organes d'un chimpanzé sont très similaires à ceux de l'homme.

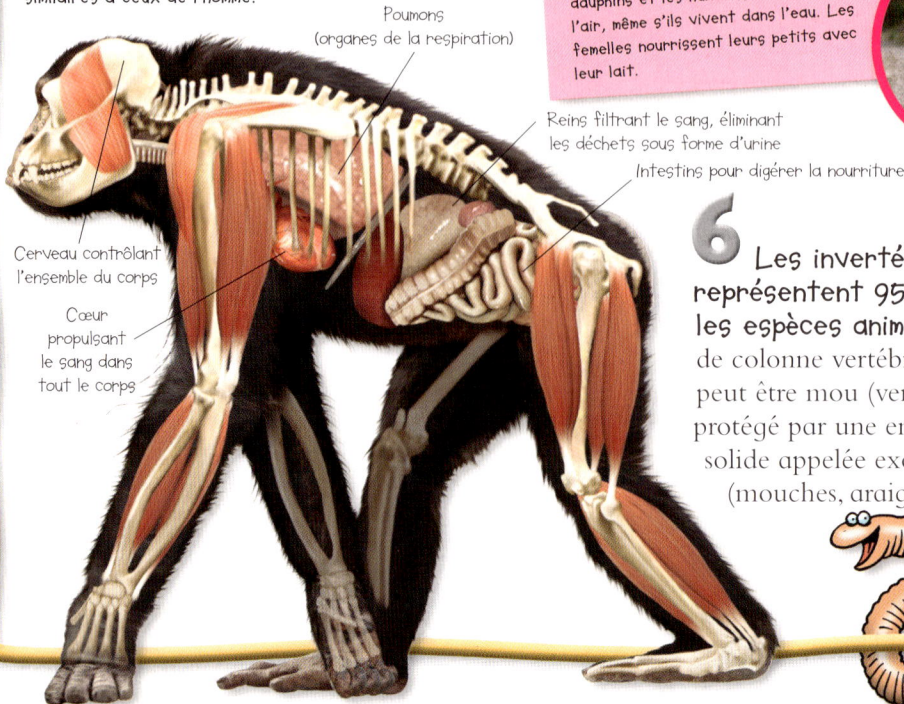

Poumons
(organes de la respiration)

Reins filtrant le sang, éliminant les déchets sous forme d'urine

Intestins pour digérer la nourriture

Cerveau contrôlant l'ensemble du corps

Cœur propulsant le sang dans tout le corps

Les classes animales

Les **invertébrés** ne forment pas une classe à proprement parler. Certains ont une carapace solide (crabes, insectes...), d'autres sont mous (vers, limaces...).

Habitant sous l'eau, les **poissons** filtrent l'oxygène de l'eau grâce aux branchies qu'ils ont de chaque côté de la tête.

Les **amphibiens** (grenouilles, tritons...) vivent dans l'eau et sur la terre ferme. La plupart pondent leurs œufs dans l'eau.

Les **reptiles** (serpents, crocodiles, lézards...) vivent généralement dans des endroits chauds. La plupart pondent des œufs pour se reproduire.

Les **oiseaux** ont des ailes et la plupart d'entre eux peuvent voler. Tous les oiseaux pondent des œufs à coquille dure.

Les **mammifères**, tels les ours, les dauphins et les humains, respirent de l'air, même s'ils vivent dans l'eau. Les femelles nourrissent leurs petits avec leur lait.

6
Les invertébrés représentent 95 % de toutes les espèces animales. Ils n'ont pas de colonne vertébrale ; leur corps peut être mou (vers, méduses…) ou protégé par une enveloppe externe solide appelée exosquelette (mouches, araignées…).

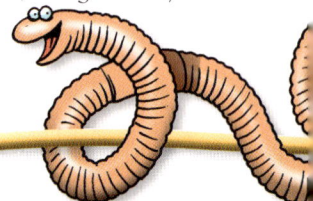

7 **Les animaux possédant une colonne vertébrale sont des vertébrés.** Leur colonne vertébrale fait partie d'un squelette interne formé d'os ou de cartilage, permettant de soutenir l'ensemble du corps et de protéger les organes internes.

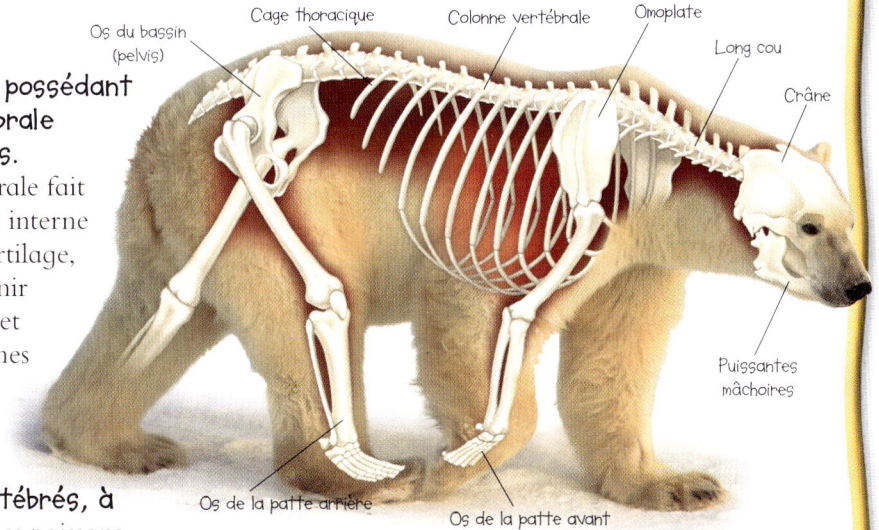

Os du bassin (pelvis)

Cage thoracique

Colonne vertébrale

Omoplate

Long cou

Crâne

Puissantes mâchoires

Os de la patte arrière

Os de la patte avant

▲ Un ours (ici polaire) possède une colonne vertébrale où sont reliés les os solides de ses pattes.

8 **Chez les vertébrés, à chacun sa peau !** Les poissons et les reptiles ont des écailles ou des plaques osseuses, les amphibiens (grenouilles, crapauds…) une peau couverte d'une substance gluante (mucus). Les oiseaux ont des plumes et les mammifères terrestres des poils.

▶ Les chevaux sont des mammifères ; les poulains sont nourris par le lait de leur mère pendant huit mois.

9 **Il existe environ 5 400 espèces de mammifères.** Les terrestres ont des pattes (ou jambes), les marins des nageoires et les aériens des ailes – dont l'unique représentant est la chauve-souris.

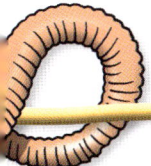

En mouvement

10 **À chacun son mode de déplacement.** Certains utilisent leurs pattes pour marcher, d'autres volent ou nagent.

▶ Le marlin bleu a des muscles puissants, ce qui lui permet de nager très vite ! Il peut nager à une vitesse allant jusqu'à 110 kilomètres/heure.

Long rostre en forme d'épée

11 Certains invertébrés, comme les coraux ou les éponges, passent une grande partie de leur vie au même endroit. Fixés à un rocher ou autre support, ces animaux marins se trouvent partout dans le monde.

12 **Ressemblant à des serpents, les anguilles sont des poissons qui se déplacent en ondulant leur corps.** Les manchots et les tortues se propulsent dans l'eau avec leurs nageoires. Beaucoup de poissons utilisent leur queue pour avancer et leurs nageoires pour se diriger, s'équilibrer ou ralentir.

13 **Les pieuvres se déplacent par propulsion à réaction.** Elles aspirent de l'eau dans une cavité dite palléale, puis l'expulsent en contractant ses muscles avec force par un conduit étroit appelé siphon.

Nageoire dorsale

La vessie natatoire permet au marlin de descendre ou monter dans l'eau.

Queue

Muscles

Nageoire pectorale

▼ La coquille Saint-Jacques utilise la propulsion à réaction. Elle ouvre et ferme les deux valves de sa coquille, expulsant ainsi brusquement l'eau ce qui la propulse dans l'eau.

① La coquille est ouverte.

② Elle se referme brusquement et l'eau jaillit à l'arrière.

③ La coquille s'ouvre de nouveau et l'eau entre à l'intérieur.

▼ Les puissants muscles situés sur la poitrine de l'aigle sont reliés à une partie du sternum appelée le bréchet. Ces muscles lui permettent de déployer et battre ses immenses ailes pour voler.

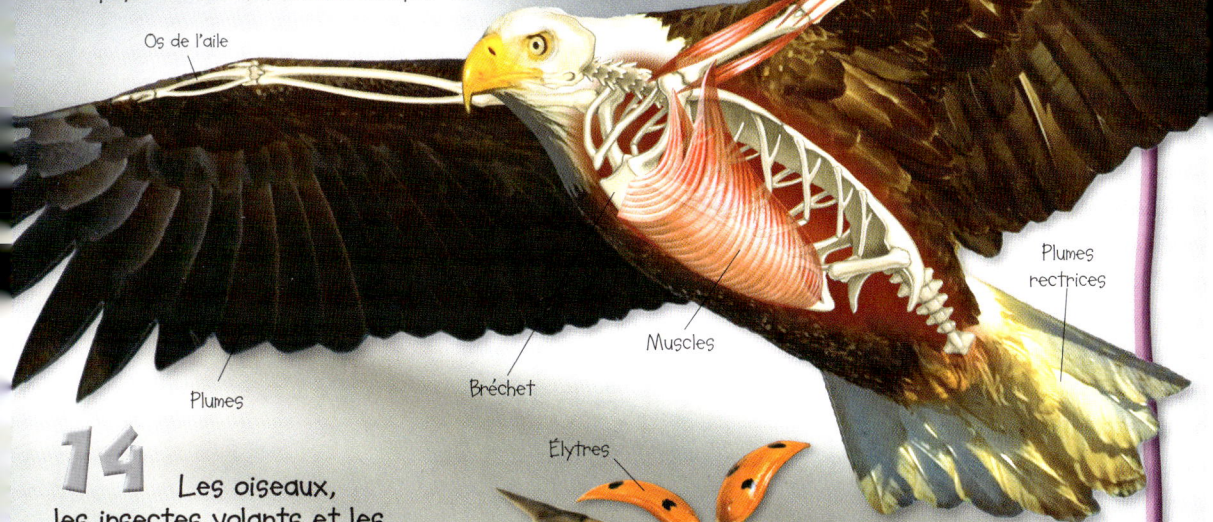

Os de l'aile

Plumes rectrices

Muscles

Plumes

Bréchet

Élytres

14
Les oiseaux, les insectes volants et les chauves-souris sont dotés d'ailes. Ils ont un corps léger ainsi que de puissants muscles pour agiter leurs ailes et voler. Les chauves-souris ont une membrane très fine sur les membres antérieurs qui leur sert d'aile pour voler.

Ailes pour le vol

◄ Une coccinelle protège ses ailes fragiles sous deux ailes rigides appelées des élytres.

15
Certains mammifères, comme l'homme, marchent sur la plante des pieds. Mais d'autres (chats, chiens…) se déplacent sur les doigts et le cheval marche sur ses ongles : les sabots !

INCROYABLE !
Le faucon pèlerin est l'animal le plus rapide du monde. Pour attraper une proie, il peut atteindre la vitesse en piqué de 390 km/h !

► Comme le chien et le renard, le loup marche sur ses doigts, faisant ainsi partie du groupe des digitigrades.

Des sens affûtés

16 Comme nous, les animaux perçoivent ce qui les entoure grâce à cinq sens : la vue, l'ouïe, l'odorat, le toucher et le goût.

La vue

▶ Les énormes yeux composés de la mouche lui permettent de détecter les mouvements autour d'elle. Son cerveau regroupe toutes les informations issues de chaque œil pour créer une image complexe.

L'ouïe

Les oreilles bougent indépendamment l'une de l'autre pour déceler le moindre danger.

17 La plupart des animaux ont des yeux sensibles à la lumière. Les insectes ont des yeux dits composés, faits de centaines ou de milliers de mini-récepteurs (ou lentilles). D'autres animaux ont une pupille, qui se dilate ou se contracte pour contrôler la quantité de lumière qui rentre dans l'œil.

18 Les mammifères sont les seuls animaux munis d'oreilles à pavillon pour capter les sons. Le son vient frapper le tympan qui vibre. Puis, de petits os font passer les vibrations dans une chambre remplie de liquide dans l'oreille interne, où des récepteurs l'envoient sous forme de signaux au cerveau. Ces signaux sont ensuite décodés et interprétés comme des sons !

◀ Les grandes oreilles du lapin s'orientent dans différentes directions pour trouver la source d'un son, ou même écouter plusieurs sons à la fois.

19 L'odorat et le goût sont souvent complémentaires. Un serpent sort sa langue fourchue pour « goûter » les odeurs dans l'air. La plupart des vertébrés goûtent avec leur langue, mais les insectes le font souvent avec leurs pattes !

▶ Le serpent a un organe situé sur le palais qui lui permet d'analyser les odeurs captées avec sa langue.

VRAI OU FAUX ?

1. Les insectes ont des organes sensoriels appelés tentacules.
2. La pupille contrôle la quantité de lumière qui entre dans l'œil.
3. Les oiseaux sont les seuls animaux à avoir des oreilles à pavillon.

Réponses :
1. Faux. Ce sont des antennes.
2. Vrai ; 3. Faux. Ce sont les mammifères.

20 Des animaux, comme les insectes ou les crabes, ont deux antennes sensorielles sur la tête. Avec, ils identifient les odeurs, ou détectent au toucher les obstacles sur le sol...

21 Le toucher informe les animaux sur leur environnement immédiat. Beaucoup d'entre eux ont des capteurs sur leur peau ou leur carapace, mais d'autres, tel le chat, ont en plus des moustaches, appelées vibrisses, reliées à des organes sensoriels.

Moustaches

▼ La taupe étoilée possède sur le museau 22 tentacules très sensibles au toucher. Ainsi, elle trouve ses proies, malgré sa vue médiocre.

Toucher

Mode d'alimentation

22 Beaucoup d'animaux ont une alimentation très variée. Mais il y a des exceptions, comme le koala qui ne se nourrit que de feuilles d'eucalyptus.

24 On peut diviser les animaux en trois catégories. Les mangeurs de plantes sont des herbivores, les mangeurs de viande des carnivores et ceux qui se nourrissent des deux sont dits omnivores.

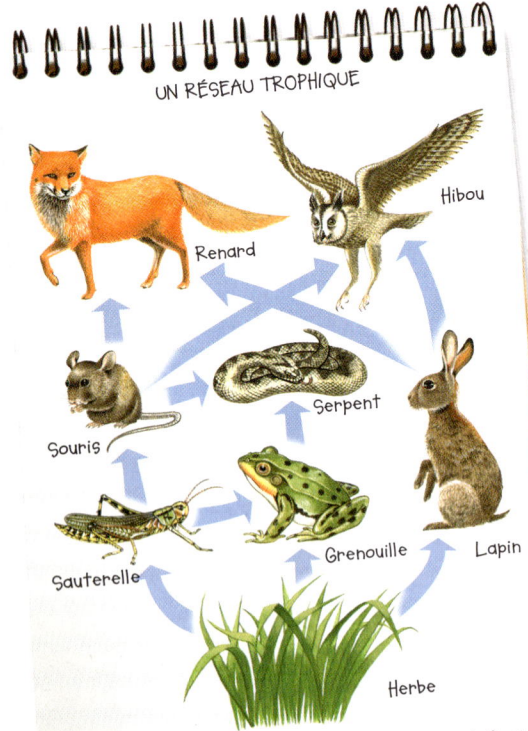

UNE CHAÎNE ALIMENTAIRE

Renard

Souris

Sauterelle

Herbe

◄ Une chaîne alimentaire relie les animaux selon ce qu'ils mangent. En bas de cette chaîne, se trouvent les plantes, car elles créent elles-mêmes leur propre nourriture grâce à l'énergie du Soleil.

UN RÉSEAU TROPHIQUE

Renard

Hibou

Serpent

Souris

Grenouille

Lapin

Sauterelle

Herbe

▲ En général, un animal fait partie de plusieurs chaînes alimentaires. Cet ensemble de chaînes alimentaires dans un même lieu se nomme un réseau trophique.

23 La nourriture est plus facile à digérer en petits morceaux. Bon nombre d'animaux ont des dents pour mâcher et déchiqueter leur nourriture. Mais certains (araignées, scorpions…) n'ont pas de dents et injectent des sucs digestifs pour liquéfier leur nourriture. Il ne leur reste plus qu'à l'aspirer !

▶ Les carnivores ont quatre canines pointues à l'avant des mâchoires pour attraper et déchiqueter leurs proies. Les autres dents leur servent à trancher la viande et à écraser les os. Les herbivores ont des dents plates ou en biseau pour broyer les plantes.

Carnivore (renard)

Herbivore (chameau)

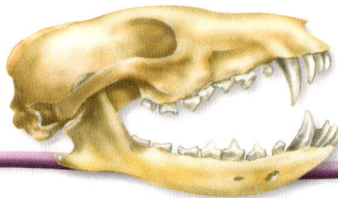

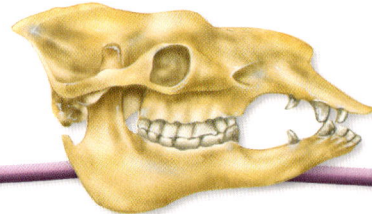

▶ La forme du bec d'un oiseau varie selon son mode d'alimentation.

Le toucan utilise son gros bec pour attraper des fruits.

Le macareux moine transporte des petits poissons dans son bec.

La mésange noire attrape des insectes avec son bec fin et pointu.

25 **Tous les oiseaux ont un bec léger et sans dents.** Leur taille et leur forme varient selon leur type d'alimentation. Comme ils n'ont pas de dents pour mâcher la nourriture, les oiseaux l'avalent entière. Elle est ensuite broyée dans une partie musclée de leur estomac appelée le gésier.

26 **Certains animaux se nourrissent en filtrant les particules de nourriture dans l'eau.** La baleine aspire une grande quantité d'eau à travers des lamelles appelées fanons. Ainsi, elle ne récolte que la nourriture qui lui convient. On trouve aussi des lamelles dans le bec du flamant rose et des filaments sur les tentacules de la sabelle, un ver marin.

▶ La baleine à bosse filtre les petits poissons et le plancton contenus dans l'eau grâce aux fanons situés sur son énorme mâchoire supérieure.

CRÉER TA CHAÎNE ALIMENTAIRE

Tu auras besoin de :

Crayon – papier – crayons de couleur – ciseaux – ruban adhésif – ficelle

Dessine et colorie une plante, un herbivore et un carnivore. Découpe-les. Attache chaque dessin sur la ficelle avec le ruban adhésif. Place le carnivore en haut, l'herbivore au milieu et la plante tout en bas.

Proies et prédateurs

27 Un animal qui chasse d'autres animaux pour se nourrir est appelé un prédateur. Ses victimes sont des proies. Un prédateur a besoin de force, de sens développés, de réflexes rapides et d'armes efficaces pour trouver, attraper et tuer sa proie.

28 Dans le noir, bon nombre de prédateurs utilisent leur excellente ouïe pour détecter leur proie. La chauve-souris chasse la nuit en émettant des ultrasons (sons très aigus), qui rebondissent sur sa proie et lui reviennent aux oreilles sous forme d'échos.

▼ La chauve-souris utilise l'écholocation pour détecter ses proies et tout ce qui l'entoure.

Sons émis par la chauve-souris

Échos provenant de la proie

29 Certains prédateurs attendent que leurs proies viennent à eux. Ils construisent des pièges – telles les toiles d'araignées – ou attire leur proie vers eux. La tortue alligator a un faux « ver » dans la bouche qui attire les poissons. Il ne lui reste plus qu'à fermer ses terribles mâchoires pour manger !

appât

◄ Dans la bouche qu'elle garde grande ouverte, la tortue alligator agite un appât ressemblant à un ver. Attirés, les poissons s'y engouffrent !

◄ Le guépard peut atteindre les 110 km/h, mais seulement pendant quelques mètres... après quoi il s'essouffle. Si ce phacochère continue de courir, il pourra peut-être s'échapper !

30 Les prédateurs actifs sont équipés d'armes efficaces pour attraper et tuer leur proie sans être blessés eux-mêmes. Parmi ces armes, on trouve des dents tranchantes, des griffes acérées, des becs pointus et des dards ou des crochets empoisonnés.

◄ Le balbuzard pêcheur utilise ses serres – griffes crochues et acérées – pour attraper un poisson dans l'eau. Des épines (spicules) sous ses pattes l'aident à retenir sa proie glissante.

31 Certaines araignées sont des prédatrices agiles et rapides qui chassent leurs proies. Une araignée sauteuse utilise ses huit yeux pour identifier sa proie et la chasser à vue : elle se jette dessus et la tue en la piquant de ses crochets venimeux !

► Le caméléon se déplace lentement sur une branche mais il peut projeter sa longue langue collante sur un insecte à la vitesse de l'éclair !

32 Bon nombre de prédateurs chassent à l'affût. Très bien camouflés, ils patientent sans bouger que leur proie s'approche d'eux pour l'attaquer par surprise.

Se défendre...

33 Comment survivre dans un monde plein de dangers ?
Les animaux se protègent avec toutes sortes de techniques : en courant, en portant une cuirasse, des cornes, des pics...

34 Parfois, les animaux ont des couleurs, motifs ou formes qui leur permettent de se camoufler. Certains, comme le phasme, ressemblent à s'y méprendre à une branche ou à une feuille !

▼ Le dendrobate est une petite grenouille très colorée dont la peau sécrète du poison. Si un prédateur essaie de la manger, il la recrachera aussitôt !

▲ Le serpent à sonnette utilise son « hochet » au bout de sa queue pour effrayer les prédate

35 Les animaux de couleur vive sont souvent venimeux. Leur couleur est en fait un message d'avertissement tel que : « Je suis dangereux, ne me mangez pas ! » Les prédateurs apprennent ainsi à s'en méfier ! Mais certains animaux totalement inoffensifs copient ces couleurs pour se protéger : c'est le mimétisme.

Plaques osseuses articulées, recouvertes d'une couche de kératine

36

Les animaux lents utilisent souvent une armure corporelle pour se protéger. Les tortues terrestres rétractent leur tête et leurs pattes à l'intérieur de leur carapace. Les tatous, pangolins et mille-pattes gloméris se roulent en boule pour protéger leur ventre mou.

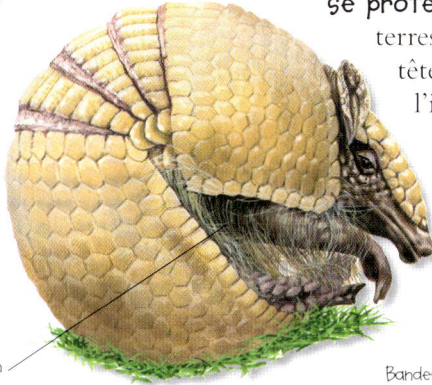

1 Le tatou se roule en boule quand il se sent en danger.

▲ Le tatou porte une cuirasse sur le dos mais pas sur le ventre. Quand il se roule en boule, sa carapace protège cette partie vulnérable.

L'abdomen est mou.

2 Le tatou se déplie quand le danger est écarté.

Bandes mobiles articulant la carapace quand l'animal contracte ses muscles.

37

Un grand nombre de prédateurs aiment manger leur proie vivante. C'est pourquoi certains animaux se défendent en faisant le mort. C'est le cas par exemple de l'opossum et de la couleuvre à collier : le corps raide, ils ouvrent la bouche, restent immobiles et dégagent même une odeur de putréfaction. Puis, le danger écarté, ils reprennent leur chemin !

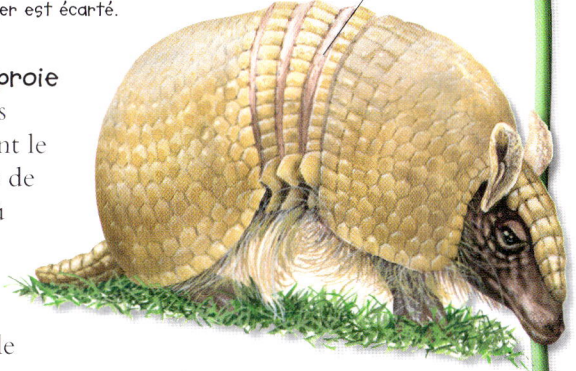

3 Le tatou est protégé par son épaisse carapace même quand il se déplace.

38

Des lézards ont la capacité de se séparer de leur queue pour la laisser aux prédateurs ! Ce comportement s'appelle l'autotomie. Ainsi, ils peuvent fuir alors que l'agresseur croit tenir sa proie. Plus tard, la queue repousse !

▲ La queue du scinque à queue bleue (lézard) se casse à un point de fracture situé entre les os.

En groupe

L'été, une colonie d'abeilles comprend jusqu'à 60 000 individus. Pour faire un kilo de miel, une abeille doit parcourir 40 000 km pendant 200 jours et butiner près de 800 000 fleurs !

39 L'union fait la force !

C'est ce qu'ont compris certains animaux dits sociaux en vivant en grand troupeau ou en colonie.

▼ Les otaries à fourrure d'Afrique du Sud se rassemblent en colonies de plus de 250 000 individus pour se reproduire.

40

Les animaux sociaux peuvent être des oiseaux, des poissons, des insectes ou des mammifères. Mais d'autres sont solitaires, comme les ours, tigres et orangs-outangs : il leur faut partir à la recherche d'un partenaire pour se reproduire.

41

Certains animaux vivent en groupe uniquement pendant la période de reproduction. Par exemple, les manchots ou les phoques forment d'immenses colonies et s'avertissent les uns les autres lorsqu'un danger les menace.

▲ Les flamants roses vivent en colonies de milliers d'individus. Cela leur permet de se protéger mutuellement des prédateurs.

▲ Chez les lions, le mâle est plus gros que la femelle. Sa crinière imposante lui donne un air encore plus impressionnant pour intimider ses ennemis.

42
Le lion est l'un des rares félins sociaux.
Il vit en troupe composée de plusieurs lionnes, de jeunes et d'un, voire deux mâles adultes. Ces derniers protègent leur territoire et leur groupe des ennemis alors que les femelles chassent pour nourrir toute la troupe.

43
La plupart des insectes ne s'occupent pas de leurs petits.
Mais les fourmis, les termites, certaines espèces d'abeilles et de guêpes vivent dans des familles géantes, s'affairant pour soigner leur progéniture.

▶ Les abeilles se réunissent en essaim lorsqu'elles quittent leur nid pour former une nouvelle colonie.

19

Communiquer !

44 Comment les animaux communiquent-ils entre eux ? Généralement, ils échangent des informations par les cris, la posture de leur corps, des odeurs...

▶ Les suricates montent la garde à tour de rôle pour guetter les prédateurs. Ils émettent des petits cris ou sifflent pour avertir les membres de leur groupe du danger.

45 Des animaux émettent différents signaux pour trouver un partenaire. Face à une femelle, le mâle frégate superbe gonfle la membrane rouge vif de son cou. L'anolis, un lézard, déploie son fanon gulaire – une membrane de peau sous la gorge – vivement coloré. Quant aux lucioles, elles émettent des signaux lumineux par intermittence !

▼ Le singe hurleur roux possède une sorte de sac vocal qui amplifie les cris qu'il pousse. Le mâle émet des sons plus graves et plus forts que la femelle, pouvant s'entendre à plusieurs kilomètres à la ronde !

◀ Lors de la saison des amours, le fou à pieds bleus exécute une parade nuptiale, se pavanant en levant ses pattes bleu vif.

46 Certaines espèces animales se servent de signaux sonores pour défendre leur territoire. C'est le cas des singes hurleurs. Ils crient en chœur la nuit et à l'aube, créant un bruit assourdissant. La journée, ils se reposent.

47 Le langage du corps est sûrement le meilleur moyen de communication... C'est plus discret que les cris ou les couleurs vives ! Par exemple, les expressions du visage d'un chimpanzé révèlent beaucoup de choses sur son humeur.

Visage inquiet

Visage excité

Visage Joueur

▲ Avec ses arcades sourcilières proéminentes et sa bouche expressive, le chimpanzé utilise son visage pour communiquer avec les autres.

48 Les lémurs catta laissent des odeurs pour communiquer avec les autres. Lors de la saison de reproduction, les mâles s'affrontent à coups de « batailles d'odeurs ». Elles sont sécrétées par des glandes situées sur les avant-bras. Celui qui impose le plus son odeur gagne et repart avec la femelle !

49 Les animaux communiquent beaucoup entre eux lors de la période de reproduction. Le cerf brait, répand des odeurs et se bat à coups de bois avec les autres mâles pour s'approprier un groupe de femelles.

▼ Ici, ces daims se combattent pour gagner le droit de s'accoupler avec une femelle.

Se reproduire

50 Beaucoup d'animaux s'accouplent pour avoir des petits. Mais certains se multiplient par autofécondation ou bourgeonnement. L'anémone de mer se reproduit de ces deux façons !

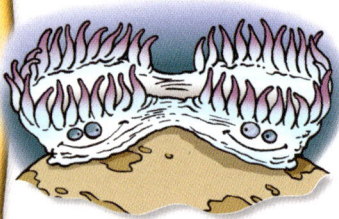

▶ Les bébés hippocampes se développent dans une poche située sur le ventre du mâle. Après avoir éclos de leur œuf, ils sont expulsés dans l'eau par leur père et se débrouillent tout seuls !

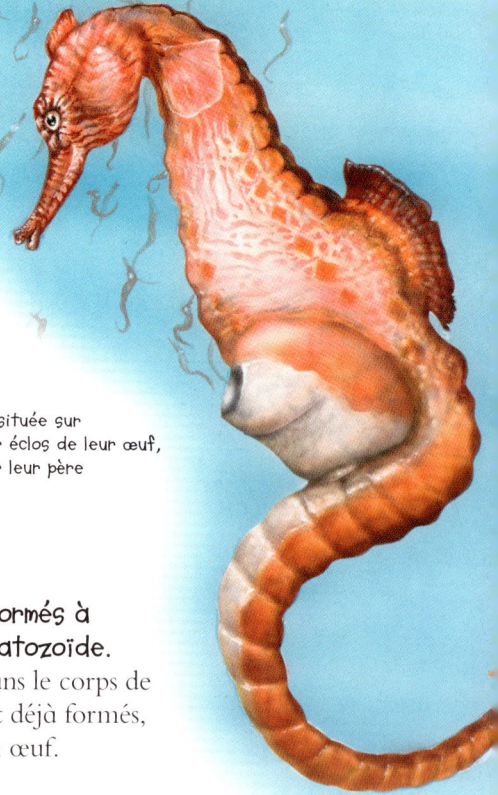

51 Les bébés animaux sont formés à partir d'un ovule et d'un spermatozoïde. Soit ces bébés se développent dans le corps de la femelle et les petits naissent déjà formés, soit ils grandissent dans un œuf.

52 Qui pond des œufs ? Des oiseaux, amphibiens, reptiles, araignées et de rares mammifères – dits monotrèmes : l'ornithorynque et les échidnés. Les œufs sont de forme et de taille différentes. Ceux des poissons sont petits et mous et ceux des oiseaux, à coquille dure et plus gros.

Cocon

◀ Comme beaucoup d'araignées, la femelle de l'argiope rayée pond ses œufs dans un cocon qu'elle protège férocement !

Le jaune d'œuf (vitellus) contient la nourriture de l'embryon.

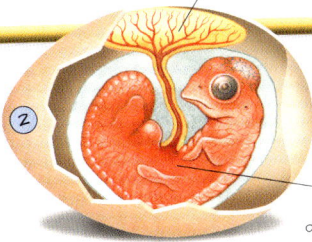

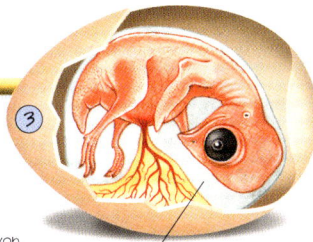

La coquille dure a des pores qui permettent le passage de l'air.

Embryon d'oiseau en développement

Le blanc de l'œuf (albumen) est une réserve de protéines pour le petit.

Diamant sur le bec

① ② ③ ④

▲ L'oisillon se développe dans son œuf. Il brise sa coquille avec une sorte de dent – appelée diamant – qu'il a sur le bec. Cette dent tombe peu après la naissance.

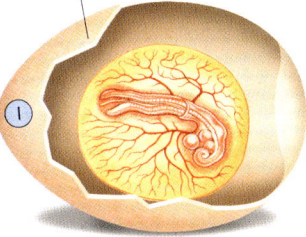

53 Comme de nombreux animaux, les oiseaux ont une reproduction sexuée... c'est-à-dire qu'un mâle féconde la femelle pour donner naissance à un petit. Après fécondation, l'œuf est pondu et l'embryon se développe à l'intérieur.

54 Les petits des mammifères placentaires grandissent dans le corps de leur mère. Les ovules fécondés s'installent dans une poche interne nommée l'utérus. Les petits sont protégés, se nourrissent et respirent grâce à un organe appelé placenta.

55 Les mammifères marsupiaux, comme les kangourous, donnent naissance à des larves peu développées. La larve rampe dans la poche ventrale de la mère et s'accroche à une tétine pour se nourrir de lait et se développer.

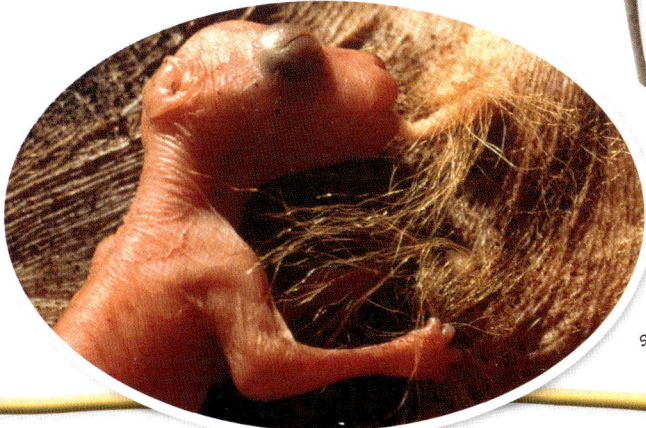

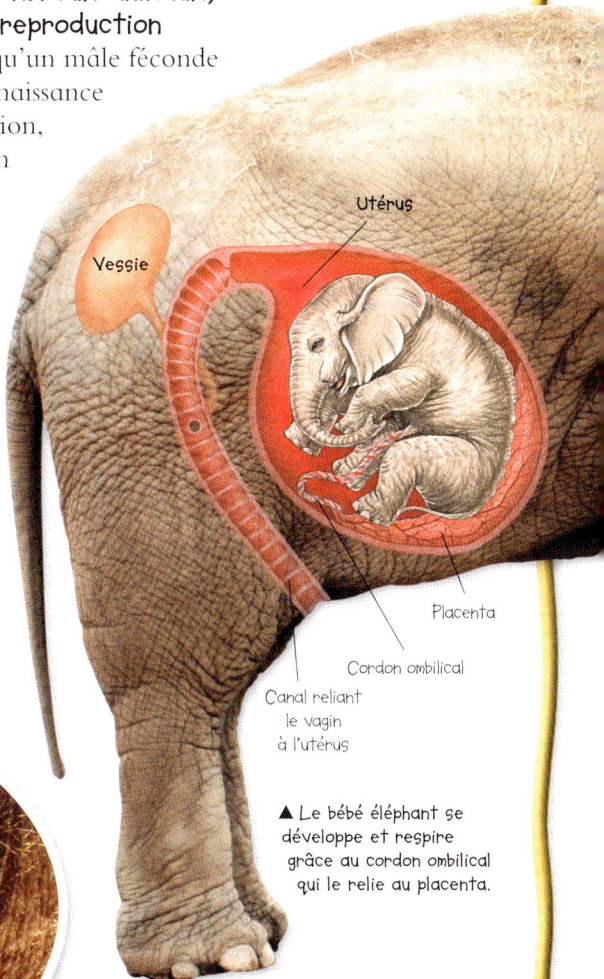

Utérus

Vessie

Placenta

Cordon ombilical

Canal reliant le vagin à l'utérus

▲ Le bébé éléphant se développe et respire grâce au cordon ombilical qui le relie au placenta.

◀ Un minuscule kangourou tète sa mère à l'intérieur de sa poche.

Grandir...

56 **Tout être vivant naît, grandit, vieillit et meurt.** C'est ce qu'on appelle le cycle de la vie.

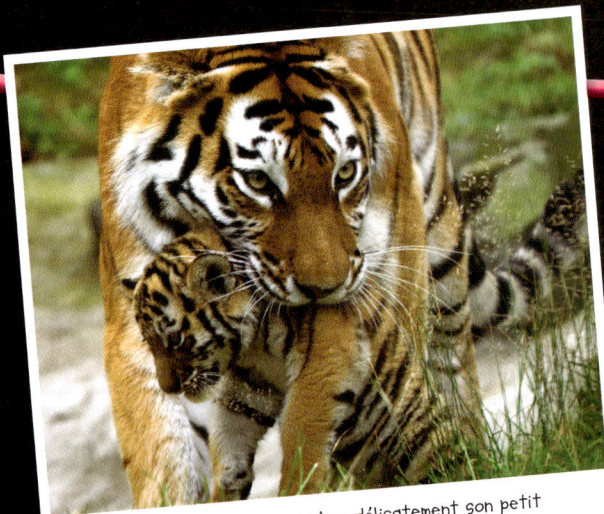

▲ Cette tigresse emmène délicatement son petit par la peau du cou pour le mettre à l'abri.

▲ Profitant de la nuit, les bébés tortues marines se précipitent vers la mer pour ne pas être mangés par les prédateurs.

57 Les poissons, insectes et araignées font de nombreux petits. Les œufs sont souvent abandonnés et les futurs bébés devront se débrouiller seuls. Peu survivront. Les mammifères, presque tous les oiseaux et certains reptiles font moins de petits mais ils les protègent généralement jusqu'à l'âge adulte.

58 Des nouveau-nés, comme les oursons ou les bébés hiboux, sont sans défense à la naissance. D'autres, comme les zèbres, les faons et les canetons, savent courir peu après la naissance. Ainsi, ils peuvent suivre leur mère pour rester protégés.

59 Certains petits, comme les têtards et les chenilles, ne ressemblent pas du tout à leurs parents. Ils subissent une transformation appelée la métamorphose. Ainsi, le têtard devient grenouille et la chenille un papillon !

▼ Vingt minutes après sa naissance, le girafon se tient debout et une heure plus tard, il est capable de marcher aux côtés de sa mère. Âgé d'un mois, il sera laissé en garderie avec d'autres girafons, surveillés par une « nounou » !

① Œuf

② Chenille

▲ Dans son cycle de vie, le papillon traverse quatre étapes : œuf, chenille, cocon – dans lequel se produit la métamorphose – et papillon.

④ Papillon

③ Cocon

60 Pour grandir, les insectes, araignées et crabes changent de carapace : c'est la mue. Sortis de leur exosquelette trop petit, ils sont vulnérables car leur nouvelle carapace est molle. Mais, elle va durcir très vite.

61 Chez les animaux, à chacun son rythme de croissance ! Âgés d'environ un mois, les souriceaux se débrouillent tout seuls alors que les bébés orangs-outangs, gorilles, tigres ou éléphants passent plusieurs années aux côtés de leur mère !

◄ Beaucoup d'oisillons naissent aveugles et nus. Entièrement dépendants de leurs parents, ils sont nourris et grandissent très vite.

À l'abri chez soi

62 Les nids ou terriers protègent les animaux des intempéries et des prédateurs. Ils y élèvent leurs petits et y emmagasinent parfois de la nourriture.

◀ Les tisserins construisent des nids très élaborés afin qu'ils soient difficiles d'accès pour les prédateurs.

63 La plupart des oiseaux construisent des nids où ils couvent leurs œufs et protègent leurs petits du danger. Ils utilisent de nombreux matériaux pour le fabriquer, comme des brindilles, de l'herbe, des plumes... Certains nichent dans des trous, des cavités dans les troncs ou volent le nid des autres !

▼ Le lapin de garenne vit dans un terrier, un véritable labyrinthe de tunnels souterrains.

64 Les tortues terrestres et les escargots portent leur maison sur leur dos. Leur coquille ou carapace fait partie intégrante de leur corps ; ils peuvent s'y cacher pour se protéger des prédateurs et du mauvais temps.

▼ Un bernard-l'hermite vit dans une coquille vide pour protéger son corps mou. Sa « maison » d'emprunt appartenait auparavant à un gastéropode marin, comme le bulot.

65 Les termites construisent des monticules géants de terre durs comme de la pierre au–dessus de leur nid. Un conduit central permet à l'air chaud de s'évacuer et à l'air froid de rentrer. Dans le nid, on y trouve le garde-manger, des pouponnières pour les œufs et les larves et une chambre pour la reine qui pond tous les œufs.

▶ Cette termitière cathédrale est construite par les insectes depuis des dizaines d'années !

66 De nombreux petits mammifères et quelques oiseaux vivent sous terre. Ils construisent leur terrier eux–mêmes ou s'installent dans un abri abandonné. Il y a souvent plusieurs entrées pour se réfugier... ou s'échapper !

La vie dans l'eau

▼ Les dauphins sont des mammifères marins. Dotés de poumons, ils doivent donc remonter à la surface pour respirer, grâce à un trou situé sur le haut de leur tête : l'évent.

68 Les poissons n'ont pas de poumons. Ils absorbent l'oxygène dans l'eau à travers de minces fentes appelées des branchies ; ils n'ont donc pas besoin de remonter à la surface pour respirer !

67 Plus de 71 % du sol de notre planète est immergé d'eau. C'est pourquoi il existe une très grande variété d'animaux marins ou aquatiques, qui vivent en eau salée ou en eau douce.

▲ Nageant la bouche grande ouverte, le requin–pèlerin filtre le plancton à travers ses cinq immenses paires de branchies.

69 Les animaux aquatiques ont un corps tout à fait adapté à leur milieu de vie. Ils peuvent être de forme allongée avec une peau lisse leur permettant de mieux glisser dans l'eau. Par exemple, les grenouilles et les loutres possèdent des pattes palmées, facilitant ainsi la nage. Les sangsues ont des ventouses pour s'accrocher aux rochers, dans les courants rapides des rivières.

Patte palmée

◀ Avec son corps musclé, ses pattes palmées et sa queue épaisse lui servant de gouvernail, la loutre se déplace avec aisance dans l'eau.

70 Des animaux vivent dans les abysses. D'aspect souvent monstrueux, ils sont peu colorés et parfois aveugles car leur habitat est si profond dans les océans qu'il y fait toujours nuit noire !

71 À marée basse, sur les plages, des vers, mollusques et crustacés se camouflent sous le sable… En attendant que la mer remonte, ils se mettent à l'abri du Soleil et du vent pour que leur corps ne s'assèche pas.

72 Les récifs de corail abritent une grande diversité d'animaux. Ces derniers, avec leurs couleurs vives, sont de toute beauté. Mais d'autres restent discrets, comme le mérou qui se cache pour surprendre ses proies.

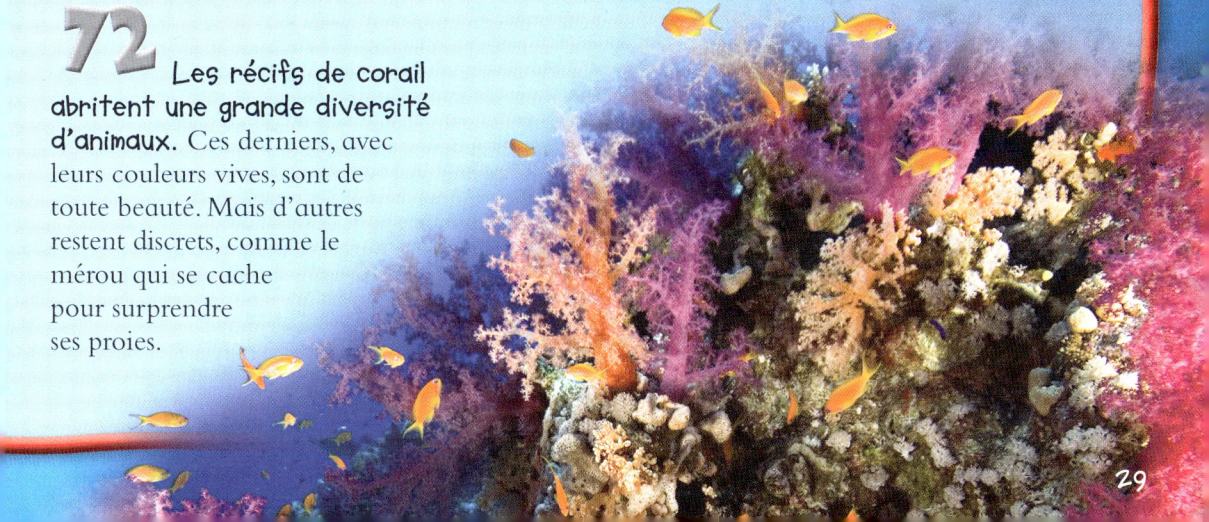

▼ Vivant à 5 kilomètres de profondeur, le poisson-ogre ne trouve pas souvent à manger. C'est pourquoi il garde constamment ses mâchoires ouvertes pour attraper toute proie croisant son chemin… qu'il gobera en entier !

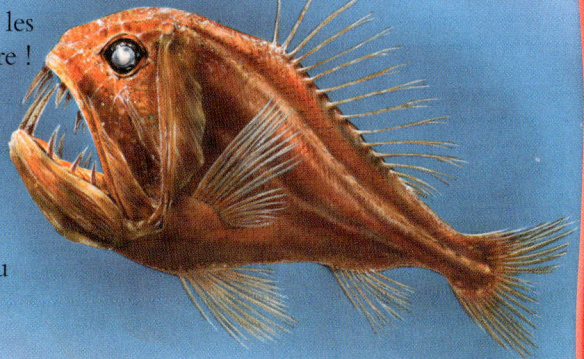

▼ Le corail est un tout petit animal nommé polype. Il vit dans une enveloppe calcaire qu'il produit lui-même et se nourrit en sortant ses tentacules de son abri. Les récifs coralliens sont en fait une succession de polypes morts recouverts par des vivants !

Dans les déserts

73

Trouver de l'eau est la plus grande difficulté pour survivre dans ce milieu. Les scorpions s'ensablent pour rester au frais et les rats-kangourous trouvent l'eau dans leur nourriture.

◀ Dans un habitat où il peut faire 50 °C le jour, le scorpion du Sahara survit plusieurs mois sans boire une seule goutte d'eau.

74

Des animaux du désert se cachent pour dormir le jour et ne sortent que la nuit, quand il fait plus frais. Certains possèdent des particularités physiques leur permettant de supporter la chaleur, comme les grandes oreilles pour le fennec ou la queue de l'écureuil dont il se sert comme parasol !

75

L'engoulevent de Nuttall habite le désert du Colorado (États-Unis). Son plumage gris lui permet de se fondre dans son environnement la journée et de lui tenir chaud la nuit lorsqu'il fait frais. C'est le seul oiseau qui hiberne, se plongeant dans un profond sommeil l'hiver car dans ce désert, il peut faire très froid.

◀ Vivant dans son terrier le jour, le fennec utilise ses grandes oreilles certes pour capter les sons mais aussi pour réguler la température de son corps.

QUIZ

1. Qu'y a-t-il dans les deux bosses du chameau ?
2. À quoi servent les grandes oreilles du fennec ?
3. Combien de temps un scorpion peut-il survivre sans eau ?

Réponses :
1.Des réserves de graisse ; 2.Réguler sa température interne ; 3. Plusieurs mois

30

► Le matin, le coléoptère du désert du Namib récolte la condensation de l'eau. Puis, il se penche en avant pour faire glisser les gouttes jusqu'à sa bouche !

Ses longues pattes surélèvent le corps au-dessus du sable brûlant.

▲ La vipère des sables se déplace par reptation sur le côté, le ventre touchant à peine le sable chaud.

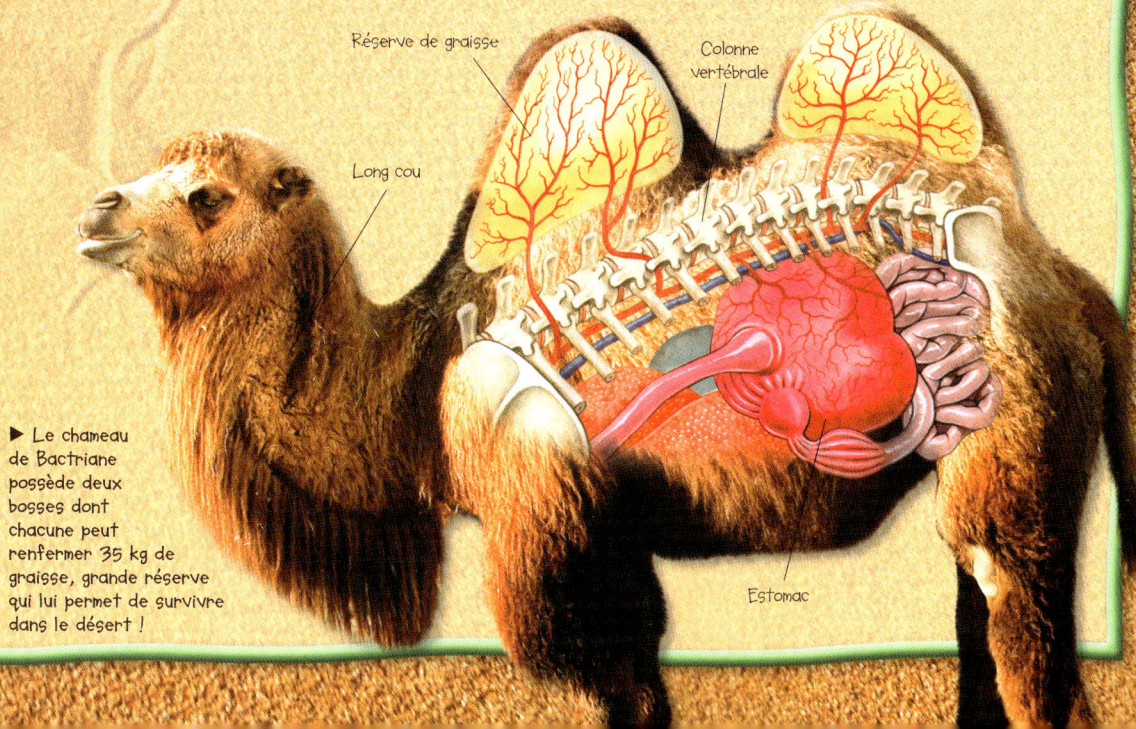

76

Difficile de se déplacer sur un sol brûlant et du sable mou. Le chameau a des coussinets épais sur la plante des pieds pour ne pas se brûler au contact du sable et l'addax – une antilope – possède de larges sabots pour ne pas s'y enfoncer !

77

Le chameau de Bactriane est un animal très résistant. Domestiqué par l'homme, il est capable de rester sans boire ni manger pendant plusieurs jours, puisant son énergie et son eau de la graisse contenue dans ses deux bosses. Elles diminuent de volume quand les réserves sont épuisées.

Réserve de graisse

Colonne vertébrale

Long cou

Estomac

► Le chameau de Bactriane possède deux bosses dont chacune peut renfermer 35 kg de graisse, grande réserve qui lui permet de survivre dans le désert !

Dans les arbres

78 On estime que la moitié des espèces animales de notre planète habitent dans les forêts tropicales. Mais les autres forêts en abritent aussi beaucoup !

▼ La grenouille volante de Wallace écarte ses doigts palmés en éventail pour amorcer sa chute lorsqu'elle saute d'arbre en arbre.

79 Les animaux habitant dans les arbres sont dits arboricoles. Le gibbon a de longs bras qui lui permettent de se balancer de branche en branche. Ce mode de déplacement s'appelle la brachiation. Certains singes et reptiles ont aussi une queue préhensile, dont ils se servent comme d'un cinquième membre pour s'accrocher.

80 Il y a beaucoup de prédateurs dans la forêt tropicale et à tous les étages : les oiseaux de proie (faucons, aigles…) à la cime des arbres, les serpents et les panthères sur les branches, les araignées et les insectes venimeux au sol.

▼ Appelé aussi singe-araignée, l'atèle a une grosse queue préhensile avec laquelle il saisit les branches pour s'y suspendre.

▶ Dans le sous-bois des forêts tropicales, le colibri jacobin construit son nid sur une feuille de palmier, abrité de la pluie par une autre feuille située au-dessus !

82

Un seul arbre peut offrir un abri à de nombreux oiseaux. Dans la forêt tropicale, les aras, toucans et hiboux nichent dans le creux des arbres. D'autres oiseaux installent leur nid à la cime, loin des prédateurs !

81

Beaucoup d'animaux des forêts sont actifs la nuit : ils sont nocturnes. Dotés de différentes particularités (vue développée, ouïe fine, odorat sensible…), ils arrivent parfaitement à se débrouiller dans le noir. Par exemple, le crotale a sur les joues des fossettes réceptrices de chaleur. Il peut donc détecter tous les animaux à sang chaud, dont ses proies, dans une obscurité totale !

▼ La roussette à nez court mange les fruits des plantes des forêts tropicales situées aux Philippines (Asie). N'en buvant que le jus, elle recrache les graines et participe ainsi à la reproduction des plantes !

MASQUE DE SINGE

Tu as besoin de :
peinture ou crayons de couleur - une assiette en carton - papier - ciseaux - colle - un ruban ou une ficelle

Peins ton assiette en marron. Sur le papier, dessine et colorie les yeux, le nez, la bouche et les oreilles. Découpe-les et colle-les sur l'assiette. Fais deux trous pour les yeux et deux autres pour attacher le ruban. Et voilà, ton masque est prêt !

83

Les animaux de la forêt jouent un rôle essentiel dans la reproduction des plantes. Les insectes transportent leur pollen et les oiseaux ou mammifères, qui mangent des fruits, rejettent les graines loin des plantes mères.

Habitats glacials

84 Les endroits les plus froids de la Terre sont aussi peuplés par des animaux qui sont équipés pour supporter des températures polaires.

85 Des mammifères marins vivent dans les eaux glacées de l'océan. Les morses et les phoques ont une épaisse couche de graisse, isolant leur corps du froid… car leur fourrure ne suffit pas toujours, surtout quand elle est humide !

86 Les animaux des habitats enneigés sont souvent de couleur blanche en hiver. Ainsi le renard polaire, le lièvre arctique et l'hermine sont tout blancs et se dissimulent sur le sol enneigé. Mais l'été, ils prennent une couleur brune ou grise pour être plus discrets sur la terre marron.

▲ La graisse d'un morse mâle à l'âge adulte peut représenter un tiers de son poids total !

34

▲ Le plumage blanc du harfang des neiges lui permet de se camoufler efficacement lorsqu'il part en chasse.

88

En Antarctique, les poissons des glaces produisent dans leur organisme un « antigel » chimique ! Dans des eaux glaciales avoisinant 0 °C, ils peuvent ainsi nager sans que leur sang ne gèle !

87

Comment se déplacer sans glisser sur la neige ou la glace ? Le lièvre arctique marche les doigts écartés et l'ours polaire possède des pattes antidérapantes avec des poils en dessous !

89

En altitude, l'air est pauvre en oxygène. Les animaux, comme les chèvres des montagnes, ont de grands poumons qui leur permettent d'absorber le plus d'air possible. Ils ont également un gros cœur pour propulser plus de sang dans l'organisme ainsi que de nombreux globules rouges pour transporter plus d'oxygène vers les tissus !

▶ La chèvre des montagnes a des sabots dont les coussinets se terminent par des sortes de pointes. Ainsi, elle peut grimper ou courir sur la roche, la neige et même la glace !

◀ Pour affronter les vents glacials de l'Antarctique, ces manchots empereurs se mettent en cercle, bien serrés les uns contre les autres avec les petits au centre.

Incroyables voyages

▶ À la saison sèche, des milliers de gnous entreprennent leur migration annuelle à travers les plaines africaines. Ils se déplacent vers des régions plus humides, pour se nourrir d'herbe verdoyante.

90 Pour survivre, certains animaux entreprennent des voyages réguliers au cours de l'année. Ce sont les migrations. Elles peuvent se faire sur terre, dans l'eau ou dans les airs.

91 Des oiseaux et des insectes entreprennent des migrations de plusieurs milliers de kilomètres chaque année. Les papillons monarques effectuent un voyage de 4 000 kilomètres pour se rendre du Canada au Mexique afin d'y passer l'hiver.

◀ Les monarques passent l'hiver dans les forêts de sapins sacrés au Mexique. Souvent, ils sont si nombreux sur un arbre qu'il est impossible d'en distinguer l'écorce !

92 Dans le milieu aquatique, certains poissons changent de milieu de vie passant de l'eau douce à l'océan. Certains saumons vivent en mer, puis remontent les rivières où ils sont nés pour se reproduire avant de mourir. Les anguilles d'Europe font le contraire : vivant dans les rivières, elles se reproduisent dans la mer des Sargasses (près des États-Unis).

▶ Arrivant dans la rivière où il est né, le saumon sockeye du Pacifique est prêt à frayer ; il devient alors très rouge. Puis, une fois les œufs pondus et fécondés, mâles et femelles meurent.

93 Comment les animaux peuvent-ils savoir quelle direction prendre pour migrer ? On pensait qu'ils se dirigeaient en repérant des endroits familiers, des sons et des odeurs, la position des astres. Puis, il a été prouvé qu'ils s'orienteraient grâce au champ magnétique de la Terre !

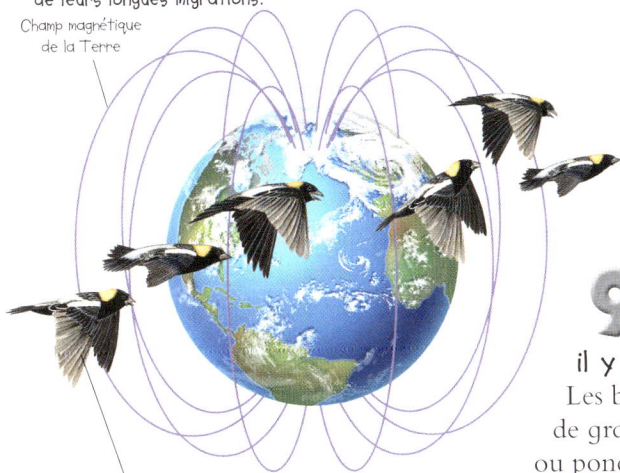

▼ L'homme a besoin d'une boussole pour détecter le faible champ magnétique de la Terre. Les oiseaux sont capables de le faire tout seuls, volant donc dans la bonne direction lors de leurs longues migrations.

Champ magnétique de la Terre

Chaque année, le goglu des prés s'oriente grâce au champ magnétique terrestre pour migrer de l'Amérique du Sud vers l'Amérique du nord, et vice-versa.

INCROYABLE !

Parcourant jusqu'à 6 000 km par an, le caribou des bois est le plus grand migrateur de tous les mammifères terrestres !

94 Dans les océans aussi, il y a de grandes migrations. Les baleines et les tortues parcourent de grandes distances pour se reproduire ou pondre leurs œufs.

Les animaux en danger

95 Certaines espèces animales risquent de disparaître dans un futur très proche. Beaucoup sont menacées par l'activité humaine (chasse, pesticides, destruction d'habitats…).

◄ Des scientifiques ont posé un émetteur radio sur ce tigre. Devenu très rare dans son habitat naturel, l'animal fournit ainsi des informations précieuses aux chercheurs qui trouveront peut-être des solutions pour le sauver.

96 Comme la tortue géante des Galápagos, de nombreuses espèces vivant sur des petites îles sont menacées. En s'installant dans l'archipel des Galápagos, l'homme a introduit des prédateurs (chiens, rats, cochons…) ou des animaux se nourrissant comme la tortue (chèvres, ânes…).

◄ Les tortues géantes des Galápagos ont une plus grande chance de survie maintenant que cette espèce est protégée.

97 Il ne reste environ que 1 600 pandas géants dans la nature en Chine. Cet animal fait l'objet de grands programmes de protection et de sauvegarde.

▼ En Chine, plusieurs pandas géants nés en captivité ont été relâchés dans leur habitat naturel.

CARTE D'ANIMAUX

Tu auras besoin de :
Stylo – Papier fin – Atlas – Colle - Photos d'animaux en voie de disparition

Sur ta feuille, dessine par transparence la carte du monde d'un atlas. Inscris-y les continents. Puis colle les photos d'animaux là où ils vivent.

98

Autrefois, les rhinocéros d'Afrique et d'Asie étaient nombreux. Ils ont été tellement chassés pour leurs cornes et nous avons tant détruit leur habitat qu'ils sont devenus très rares dans la nature.

▲ Environ 20 000 rhinocéros survivent dans des réserves naturelles protégées. Ici, un rhinocéros blanc d'Afrique qui, comme les quatre autres espèces, est menacé d'extinction.

99

L'albatros est aussi en voie de disparition. Il souffre de la surpêche des hommes mais aussi de la pêche à la palangre où des milliers d'hameçons sont jetés à la mer. Attiré par l'appât, l'albatros en attrape un qui reste coincé dans sa gorge, ce qui l'entraîne sous l'eau et le noie.

◀ On peut sauver les albatros en utilisant des méthodes de pêche différentes, comme par exemple en mettant les lignes de pêche en profondeur.

100

Les grands singes disparaissent peu à peu. Le bonobo, le chimpanzé, le gorille et l'orang-outang sont menacés par la destruction de leur habitat, les changements climatiques, les maladies et la chasse.

▶ L'écotourisme est un moyen d'observer ces gorilles des montagnes dans la nature sans trop les déranger. L'argent récolté permet d'approvisionner des fonds pour leur protection.

Index